Brett Stern

77 Tricks, eine Bierflasche zu öffnen

»Ho' mir ma 'ne Flllasche Bier, sonst streik' ich hier!«
(Gerhard Schröder, Bierkanzler und Bundeskutscher)

Eichborn.

»Phantasie ist viel wichtiger als Wissen.«
(Albert Einstein)

»Durst ist schlimmer als Heimweh.«
(Alfred Nierenstein)

Die Deutsche Bibliothek – CIP-Einheitsaufnahme
Stern, Brett:
77 Tricks, eine Bierflasche zu öffnen / Brett Stern. [Übers.: Matthias Bischoff]. -
Neuaufl., - Frankfurt am Main :
Eichborn, 2002
ISBN 3-8218-3588-5

Übersetzung: Matthias Bischoff
Fotos: Barbara Lüster-Klemm
Umschlaggestaltung: Christiane Hahn
Gesamtproduktion: Fuldaer Verlagsagentur, Fulda
ISBN 3-8218-3588-5

Verlagsverzeichnis schickt gern:
Eichborn Verlag, Kaiserstraße 66, D-60329 Frankfurt am Main
www.eichborn.de

Lieber Bierfreund,

Du kennst den entsetzlichen Moment, wenn zwischen Deinem Durst und der Erlösung nur ein kleines Metallstück, »Kronenkorken« genannt, zu überwinden ist? Das geht dann etwa so:
»He, 'n Bierchen gefällig?«
»Klar doch, schieb rüber. Haste auch 'nen Öffner?«
»Guck mal in der Küche, erste Schublade rechts.«
»Da isser nich'.«
»Ach so ja – den hab' ich beim Campen verloren. Such mal unter der Spüle.«
»Fehlanzeige«
»Jetzt hilft nur noch mein bewährtes Taschenmesser. Na großartig – ich find's nicht.«
»Und jetzt?«

Jeder kennt diese hoffnungslose Situation und weiß, wie frustrierend sie ist. Du hältst ein eiskaltes, durstlöschendes, leckeres Bier in der Hand und bemerkst auf einmal: Kein Öffner da! Man kann natürlich nicht rund um die Uhr wie ein Pfadfinder ausgerüstet sein, aber mit diesem hilfreichen Ratgeber werden in Zukunft all Deine Probleme gelöst. Du wirst mühelos allen Herausforderungen gewachsen sein. Dieses unentbehrliche Handbuch zeigt Dir rettende Auswege, selbst in scheinbar auswegslosen Situationen.

Bei häufiger Anwendung dieser Ratschläge wirst Du bald alle möglichen Varianten kennen und noch einige eigene Tricks erfinden. Eigentlich ist es ja wirklich lächerlich einfach: Du mußt ja nur dieses kleine runde Metalldings vom Flaschenhals entfernen.
Dabei unterscheiden wir drei Schwierigkeitsgrade:

Schwierigkeitsgrad 1: leicht 

Schwierigkeitsgrad 2: mittelschwer 

Schwierigkeitsgrad 3: schwierigst 

Und jetzt: Viel Glück und frohes Biertrinken. Und nicht vergessen:
Auf keinen Fall trinken, wenn das Glas bricht.

ROHRZANGE

Backen 5 Zentimeter öffnen. **1**

Nach unten drücken. **2**

Trinken. **3**

AUTOTÜR

1 Mach die Tür auf.

2 Die Flasche in die Öffnung stecken.

3 Nach vorne drücken.

4 Cheerio!

KINDER-
WAGEN

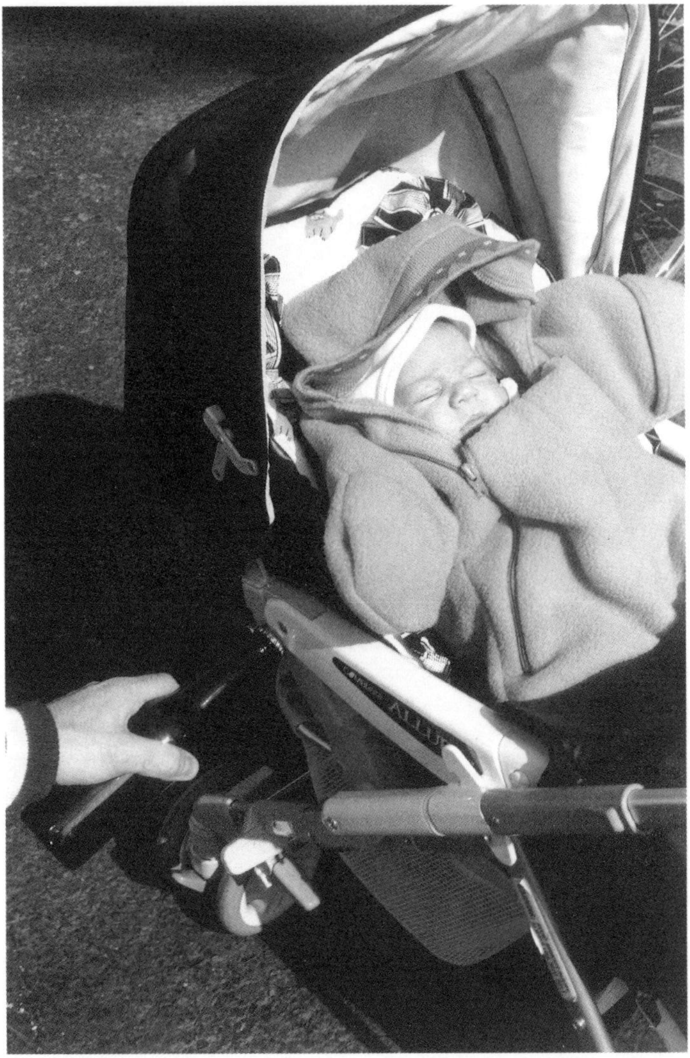

Mach 'nen kleinen Bummel mit dem Baby. **1**

Setz den Korken an wie abgebildet. **2**

Trink. **3**

POLIZEI-WAGEN

1 Erst mußt Du gaaanz sicher sein, daß das Fahrzeug leer ist.

2 Die Flasche in die Kofferraumleiste stecken.

3 Drücken.

4 Trinken.

5 Nicht erwischen lassen.

SCHLITT-SCHUHE

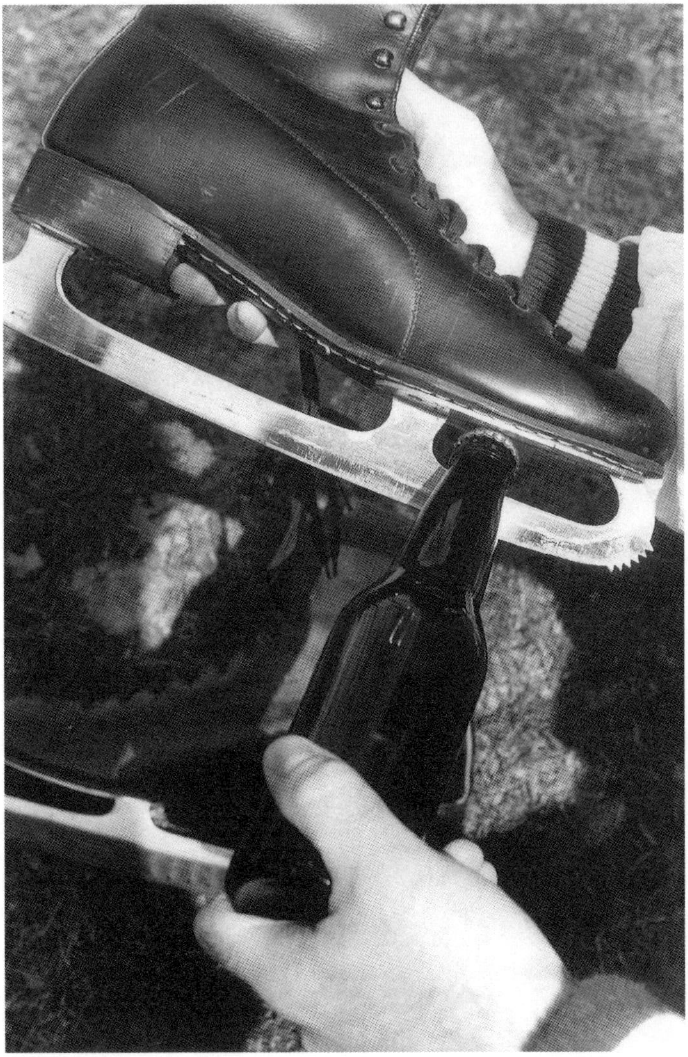

Korken in die Öffnung zwischen Schuh und Kufe stecken. **1**

Die Flasche nach unten drücken. **2**

Trinken. **3**

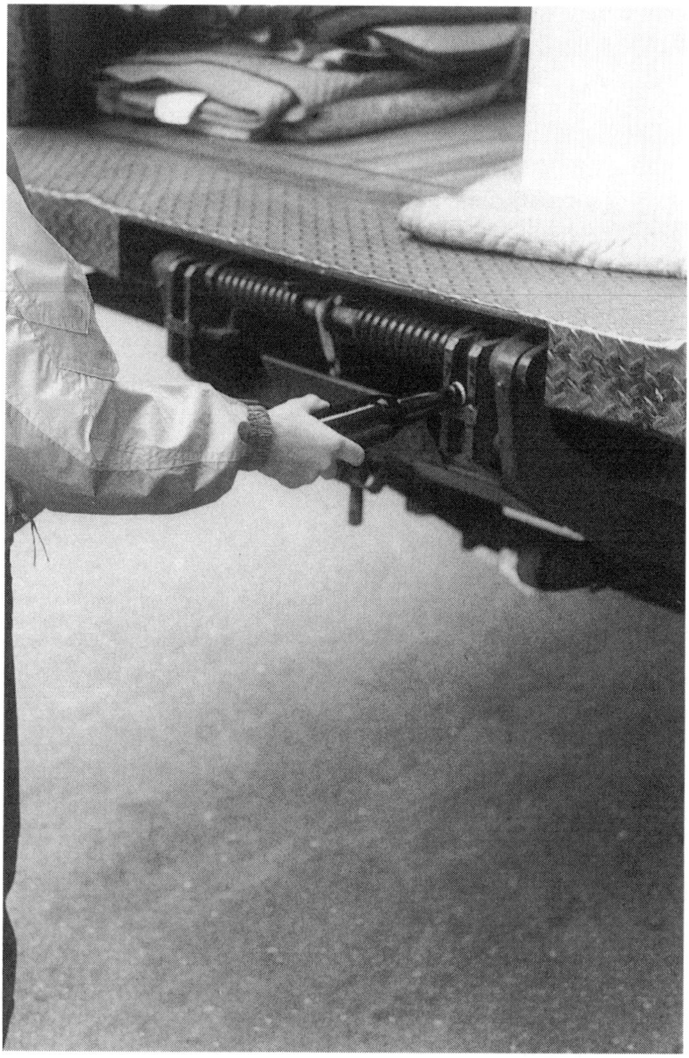

LKW

1 Kronenkorken in Laderampe stecken.
2 Drücken.
3 Wohl bekomm's!

ABFALLKORB

Den Korken in den Metallrahmen klemmen. **1**

Nach unten drücken. **2**

Trinken. **3**

Flasche keinesfalls wegwerfen! **4**
Altglas ist Rohstoff!

GARAGENTÜR

1 Kronenkorken im Türschlitz einklemmen.

2 Runterdrücken.

3 Prost.

BADTÜR

Du bist im Bad, weil Du Dir schon ein paar genehmigt hast. 1

Jetzt bloß noch den Korken am Türschloß einklinken. 2

Dann runterdrücken. 3

Misch Dich wieder unter die Leute. 4

Trink jetzt. 5

LEITER

1 Steig von der Leiter runter.
2 Schieb die Flasche in die Ecke der Verstrebung.
3 Drücke nach unten.
4 Trink.
5 Bleib danach von der Leiter weg!

TELEFON

Nimm den Hörer und tu so, als ob Du sprichst. **1**

Steck die Flasche in den Münzrückgabeschacht. **2**

Drück sie nach unten. **3**

Trink. **4**

E-GITARRE

1 Mach mal fünf Minuten Pause.

2 Zieh die Krone übern Steg.

3 Trink.

RASENMÄHER

Korken zwischen Gehäuse und Rad stecken. **1**

Runterdrücken. **2**

Trinken. **3**

Und nun fröhlich weitermähen. **4**

FAHRRAD-KETTE

1 Quetsch die Flasche zwischen die Zahnräder.

2 Drücke sanft.

3 Trink.

4 Laß das Rad stehen.

SCHNEE-
SCHAUFEL

Korken zwischen Stiel und Schaufel stecken. **1**

Nach unten drücken. **2**

Trinken. **3**

AKTEN-SCHRANK

1 Korken in den Schubladengriff schieben.
2 Nach unten drücken.
3 Nicht vom Chef erwischen lassen.
4 Trotzdem in Ruhe trinken.

SICHERHEITS-GURT

Den Korken in den Gurtverschluß stecken. **1**

Aufmachen. **2**

Trinken. Kein Alkohol am Steuer, versteht sich. **3**

WIMPERN-FORMER

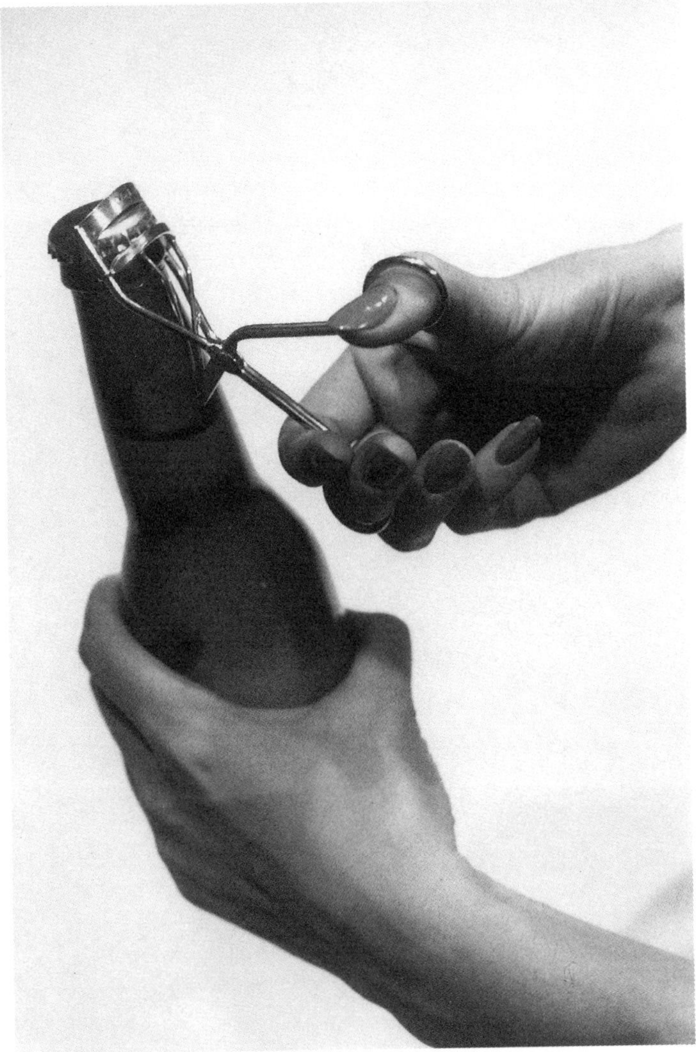

1 Das Metall unter den Korken schieben.
2 Vorsichtig nach oben pressen.
3 Trinken.

LEITPLANKE

Korken in den Schlitz schieben. **1**
Nach unten drücken. **2**
Prösterchen. **3**

GARTEN-
GRILL

1 Schieb die Flasche in den Grillrost.
2 Drück sie nach unten.
3 Trink.
4 Vergiß nicht, das Fleisch zu wenden.

LATERNEN-PFAHL

Korken zwischen Schraube und Nut klemmen. **1**

Drücken. **2**

Trinken. **3**

HEFTER

1 Mach die Bürotür zu.
2 Steck den Korken in den Hefter wie abgebildet.
3 Drück nach unten.
4 Trink.

NAGELFEILE

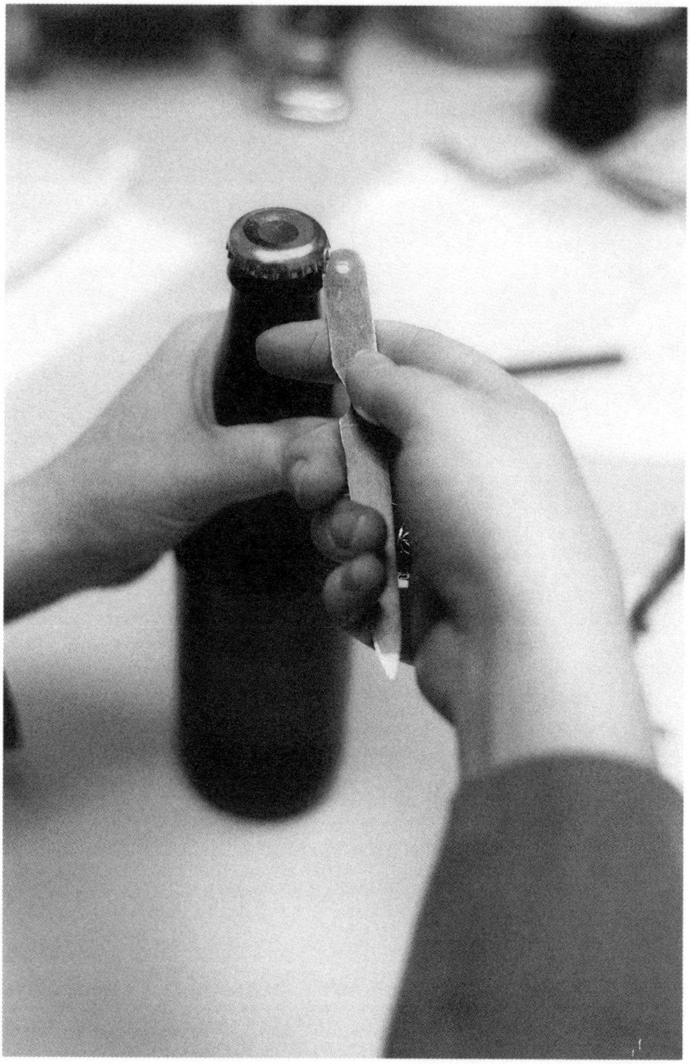

Halt die Flasche gut fest. **1**

Korken aufdrücken. **2**

Paß auf, daß Dir kein Nagel abbricht. **3**

Trink. **4**

BRIEF-KASTEN

1 Korken zwischen Klappe und Rand schieben.
2 Nach unten drücken.
3 Trinken.

RENNRAD

Fahr 30 Kilometer. **1**

Drück auf die Bremse. **2**

Steck den Korken in die entstehende Öffnung. **3**

Drück die Flasche nach unten. **4**

Trink. **5**

TOILETTE

1 Korken zwischen Ventil und Hahn klemmen.

2 Nach unten drücken.

3 Trinken.

TÜRSCHLOSS

Korken in die Öffnung stecken. **1**
Flasche hochziehen. **2**
Trinken. **3**

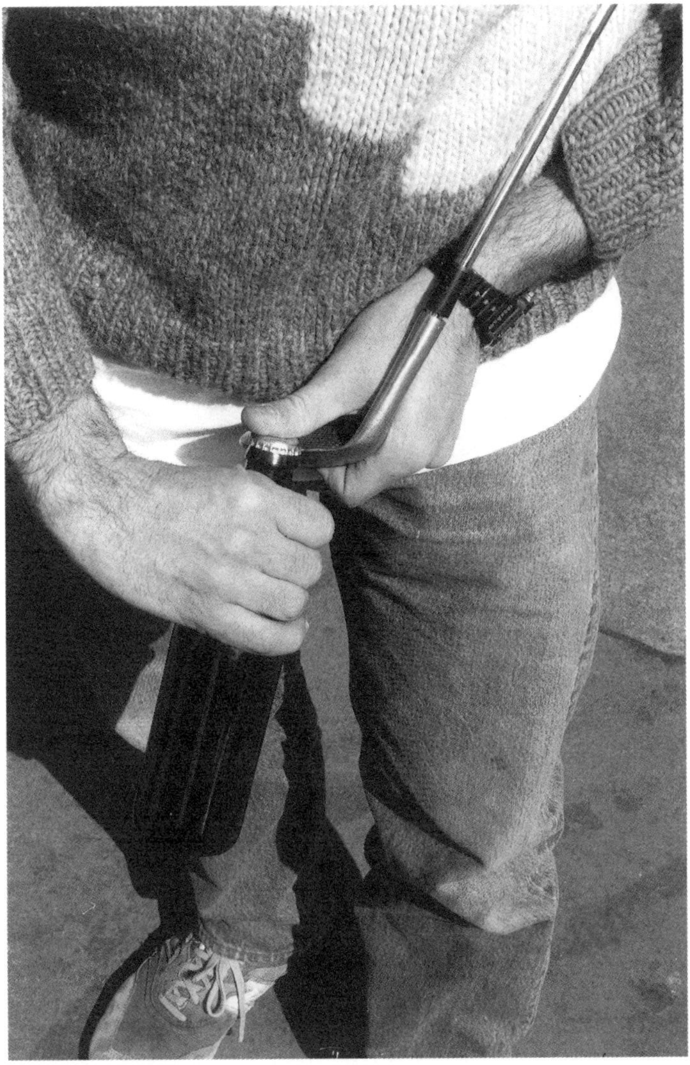

GOLF-SCHLÄGER

1 Das passende Eisen suchen.

2 Den Daumen auf den Korken (wegen der Hebelwirkung) drücken.

3 Den Schläger unter den Korken halten.

4 Jetzt mit dem Schläger nach oben, mit dem Daumen nach unten drücken.

5 Trinken.

6 Noch mal alle 18 Löcher durchmachen.

SPRECH- FENSTER AN DER KINOKASSE

Klemm die Flasche ins Sprechgitter. **1**

Drück sie nach unten. **2**

Trink. **3**

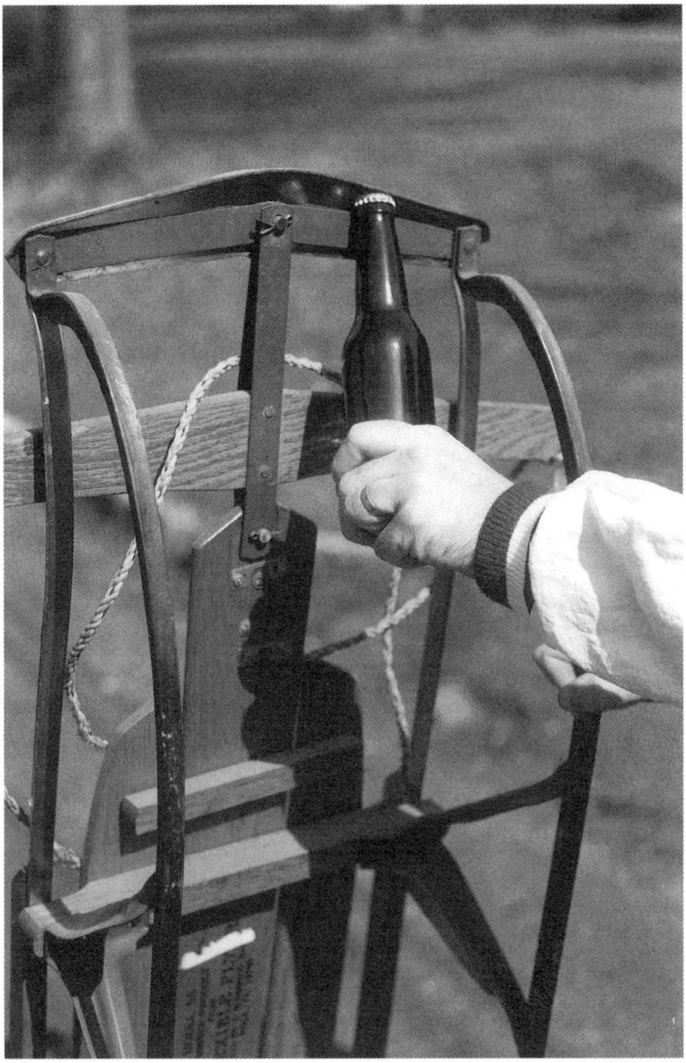

SCHLITTEN

1 Korken zwischen die Kufen zwängen.
2 Runterdrücken.
3 Trinken.

FAHRRAD

Kronenkorken zwischen die Speichen klemmen. **1**

Sachte drücken. **2**

Trinken. **3**

SCHRAUB-STOCK

1 Schraubstock 5 Zentimeter öffnen.
2 Den Korken in der Öffnung verkeilen.
3 Nach unten drücken.
4 Trinken.

WASSER-
VENTIL

Korken zwischen Griff und Leitung klemmen. **1**

Nach unten pressen. **2**

Trinken. **3**

METALL-GITTER

1 Steck den Korken zwischen Rahmen und Tür.

2 Dreh ihn rum.

3 Trink.

SAXOPHON

Spiel ein paar Töne. **1**

Steck den Korken unter den Hornrand. **2**

Aufdrücken. **3**

Trinken. **4**

Fröhlich weiterspielen. **5**

QUEUE-BRÜCKE

1 Halt die Brücke – auch als »Oma« bekannt – am äußersten Ende.

2 Steck den Korken in die Öffnung.

3 Drück die Flasche nach unten.

4 Verschütte nichts auf dem Billard-Tisch.

5 Trink.

SCHERE

Beide Scherenhälften unter den Korken klemmen. **1**

Nach oben drücken, ohne Dich selbst zu erdolchen. **2**

Trinken. **3**

BANDMASS

1 Metallnut unter den Korken schieben.

2 Laß das Band auf jeden Fall im Gehäuse.

3 Drück's auf.

4 Trink.

FAHRSTUHL

Korken zwischen Tür und Kabinenrahmen einklemmen. **1**

Zurückziehen. **2**

Vergiß nicht, irgendeinen Etagenknopf zu drücken. **3**

Trink. **4**

BRIEF-
ÖFFNER

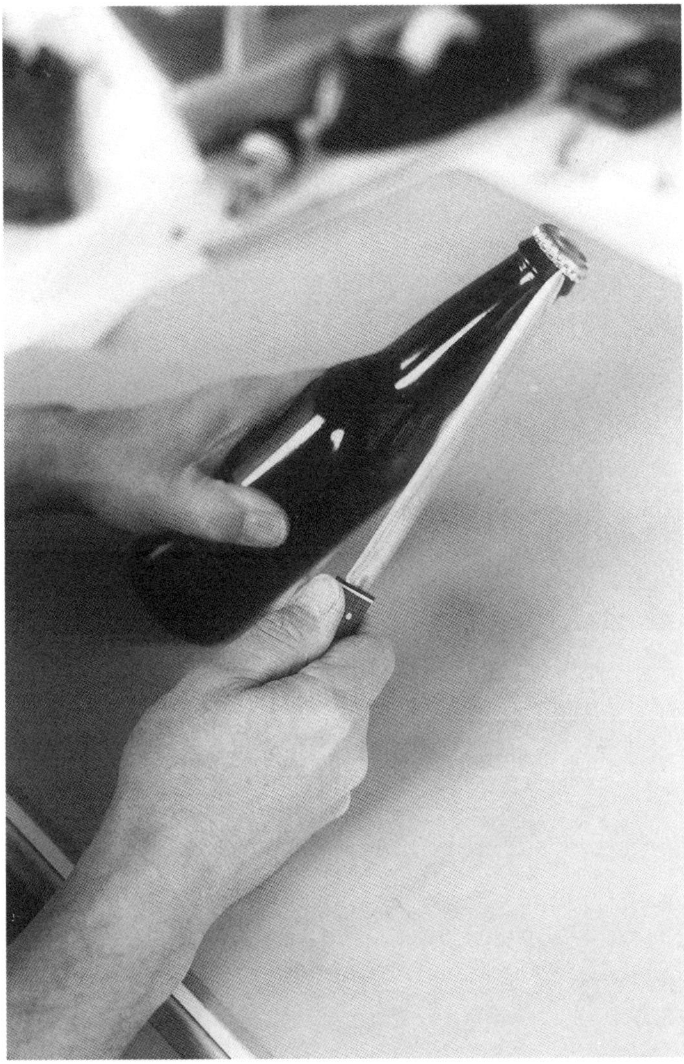

1 Spitze genau unter den Korkenrand schieben.
2 Mit der Spitze mehrfach dagegendrücken.
3 Trinken.

SERVIETTEN-SPENDER

Halte den Spender fest. **1**

Steck den Korken in die Öffnung. **2**

Drück nach unten. **3**

Trink. **4**

TROPHÄE

1 Steck die Flasche zwischen die Beine Deiner einzigen Trophäe*.

2 Gefühlvoll pressen.

3 Trinken.

4 Und nun erzähl ruhig die alte Geschichte von Deinem Sieg zum hundertsten Mal.

* Aus Metall wird sie ja wohl hoffentlich sein!

KAMERA

Korken ins Blitzlichtscharnier schieben. **1**

Sanft aufdrücken. **2**

Prosit! **3**

METALLZAUN

1 Such Dir einen geschmackvoll dekorierten Zaun.

2 Plaziere die Flasche ganz nach Belieben.

3 Drück.

4 Trink.

BRIEF-SCHLITZ

Schieb die Flasche in den Briefschlitz. **1**

Drück sie nach unten. **2**

Trink. **3**

ZANGE

1 Nu mach schon, Blödmann! Mußt doch bloß aufs Bild gucken!

HUNDE-HALSBAND

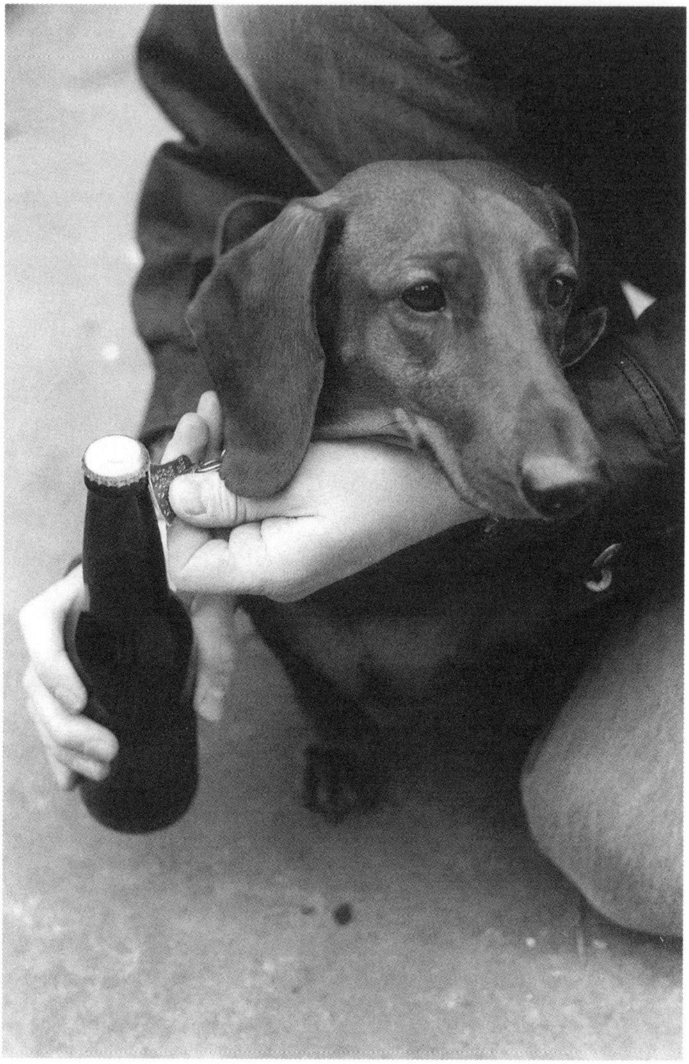

Flasche und Hund gut festhalten. **1**

Nimm die Steuermarke und klemm sie unter den Korkenrand. **2**

Drück den Korken auf. **3**

Trink. **4**

Und geh weiter Gassi. **5**

MAUERWERK

1 Such Dir eine schöne Mauer.
2 Klemm den Korken zwischen die Ziegelsteine.
3 Aufdrücken.
4 Trinken.

TISCHKANTE

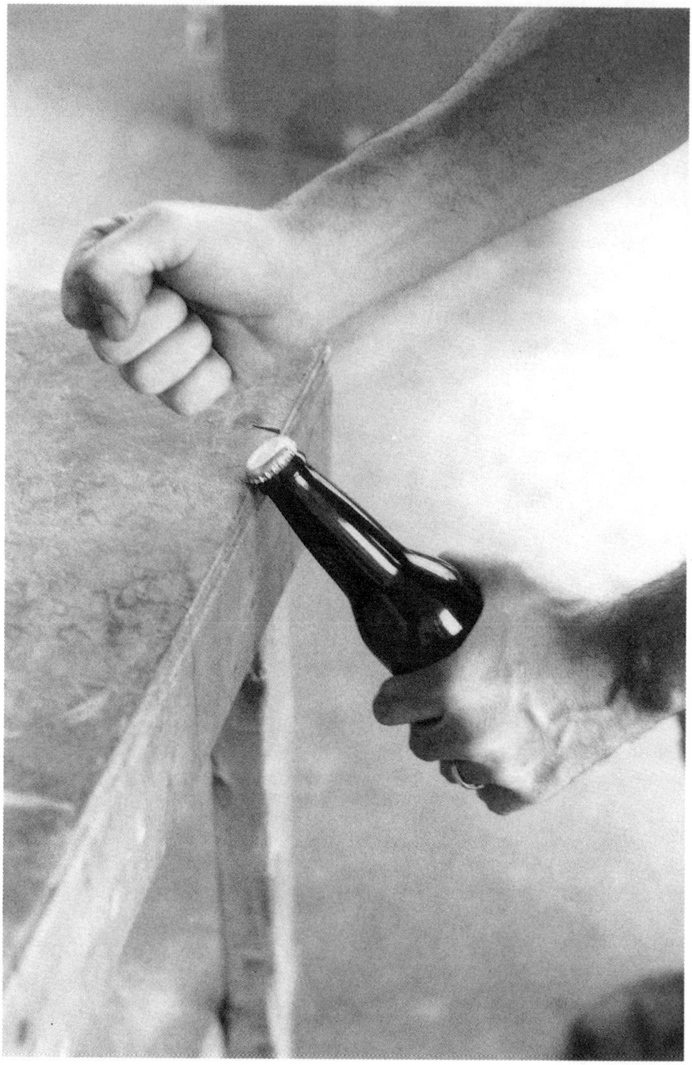

Kronenkorken über den Tischkante schieben. **1**

Und jetzt draufschlagen, daß die K . . . e dampft! **2**

Trink, was übrigbleibt. **3**

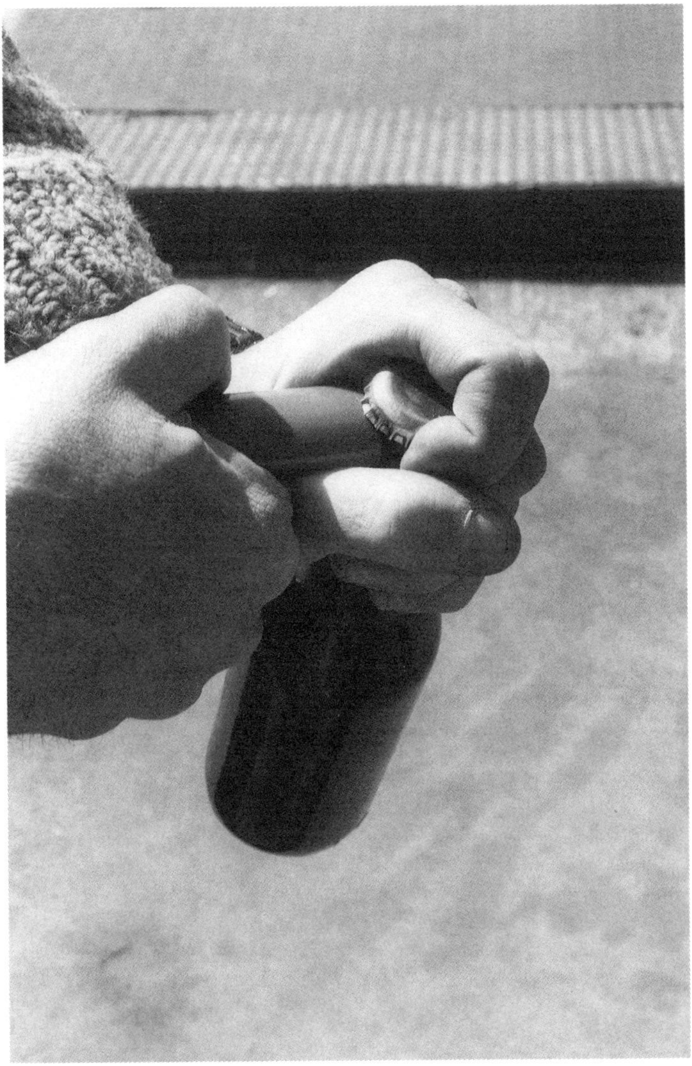

EINWEG-FEUERZEUG

1 Halte die Flasche wie abgebildet.
2 Drücke den Boden des Feuerzeuges gegen den Kronenrand.
3 Presse das Feuerzeug nach oben.
4 Trink.

Nur für absolute Profis!

FELGE

Ein Rad mit passender Felge suchen. **1**

Korken in den Schlitz schieben. **2**

Runterdrücken. **3**

Trinken. **4**

COMPUTER

1 Korken in den Laufwerkschacht schieben.
2 Mit äußerster Vorsicht aufdrücken.
3 Trinken.
4 Gönn Dir noch ein paar Computerspiele.

Vielleicht kriegst Du damit Deinen Computer klein, aber immerhin hast Du jetzt ein frisches Bier.

FLASCHEN-DOPPEL

Kronenkorken an den Rändern verkeilen. **1**

Auseinanderziehen und versuchen, untere Flasche zuerst aufzukriegen. **2**

Trink. **3**

Achtung: Nach Murphys Gesetz (das ja bekanntlich besagt, daß alles schiefgeht, was schiefgehen kann) geht natürlich die obere Flasche zuerst auf. Sei also darauf gefaßt!

CATCHER-HELM

1 Korken in den Drahtrahmen schieben.

2 Aufdrücken.

3 Nicht vergessen: Helm abnehmen!

4 Trinken.

Funktioniert auch optimal mit Football- und Eishockeyhelmen!

PAPIERTUCH-SPENDER

Korken in die Öffnung schieben. **1**

Nach unten drücken. **2**

Zieh ein Papiertuch raus, um eventuell verschüttetes Bier aufzuwischen. **3**

Trink. **4**

1 Steck den Korken in irgendeinen Schlitz.

2 Drück nach vorne.

3 Trink. Der gute Rat: Jetzt Finger weg vom Steuer!

MÜLL-
CONTAINER

An so'nem großen Ding wird's sicher irgendwo klappen. 1

Also Prost. 2

ROLLSCHUHE

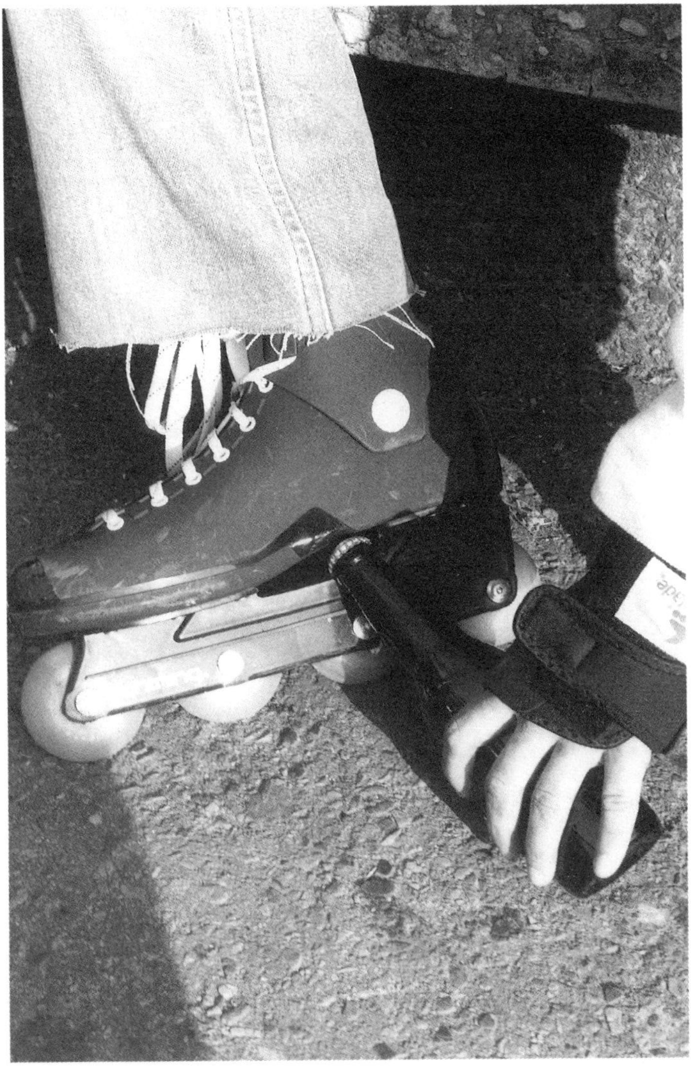

1 Korken zwischen Räder und Kufe klemmen.

2 Aufdrücken.

3 Trinken.

SPIND

1. Mach die Spindtür auf.
2. Steck die Flasche in den Lüftungsschlitz.
3. Drücke nach oben.
4. Mach die Tür wieder zu.
5. Trink.

ERDNUSS-AUTOMAT

1. Steck die Flasche in den Münzschlitz
2. Drück sie nach unten.
3. Trink.

Geht auch mit Kaugummi- und Mandelautomaten.

REISS-
VERSCHLUSS

Mach Deinen Reißverschluß auf. 1
Hebel den Korken mit dem Metallstift auf. 2
Trink. 3
Vergiß nicht, die Stalltür zu schließen. 4

KUGEL-SCHREIBER

1 Such Dir einen Kugelschreiber aus Metall, Plastik geht garantiert kaputt.

2 Schieb die Feder unter den Korkenrand.

3 Drück nach oben.

4 Trink.

5 Jetzt schreib die dringende Terminsache zu Ende.

ROLLSTUHL

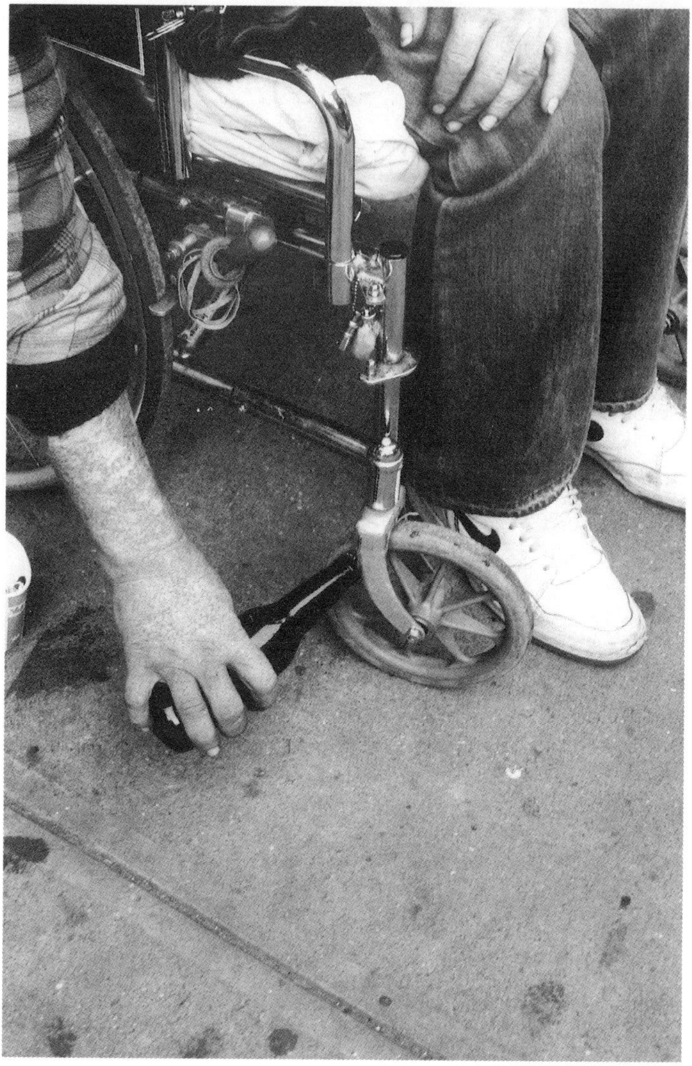

Bier gut festhalten. **1**

Korken durch Druck gegen den Metallrahmen öffnen. **2**

Trink. **3**

GEWICHT

1 Stemm mal eben 100 Kilo.
2 Schieb die Flasche zwischen Gewicht und Halterung.
3 Aufmachen.
4 Trinken.
5 Und noch mal 100 Kilo.

KLAPPSTUHL

Flasche ins Scharnier schieben. **1**

Nach oben drehen. **2**

Trinken. **3**

Klappt übrigens auch prima mit Liegestühlen!

SCHRAUBEN-ZIEHER

1 Zwäng den Schraubenzieher unter den Korken.

2 Drück nach oben.

3 Trink.

WÄSCHE-TROCKNER

Sammle einen Monat lang Deine Schmutzwäsche. 1

Wasche und trockne sie 2

Schieb die Flasche in den Verschluß. 3

Warte auf die trocknen Sachen. 4

Und: Trink. 5

SKATEBOARD

1 Korken zwischen Achse und Schraube klemmen.

2 Runterdrücken.

3 Trinken.

MASCHEN-DRAHTZAUN

Steck die Flasche zwischen Zaun und Metall-pfosten. 1

Drücke nach unten. 2

Trinke. 3

GÜRTEL-SCHNALLE

1 Gürtel öffnen. Achtung: Hose festhalten!

2 Die Schnalle in die entsprechende Position bringen.

3 Aufdrücken.

4 Trinken.

5 Nicht vergessen: Gürtel auch wieder schließen!

DRUMS

Spiel ein Fünf-Minuten-Solo. **1**

Steck den Korken zwischen Trommel und Schraube. **2**

Nach unten drücken. **3**

Hau wech! **4**

ABLAGE-KÖRBCHEN

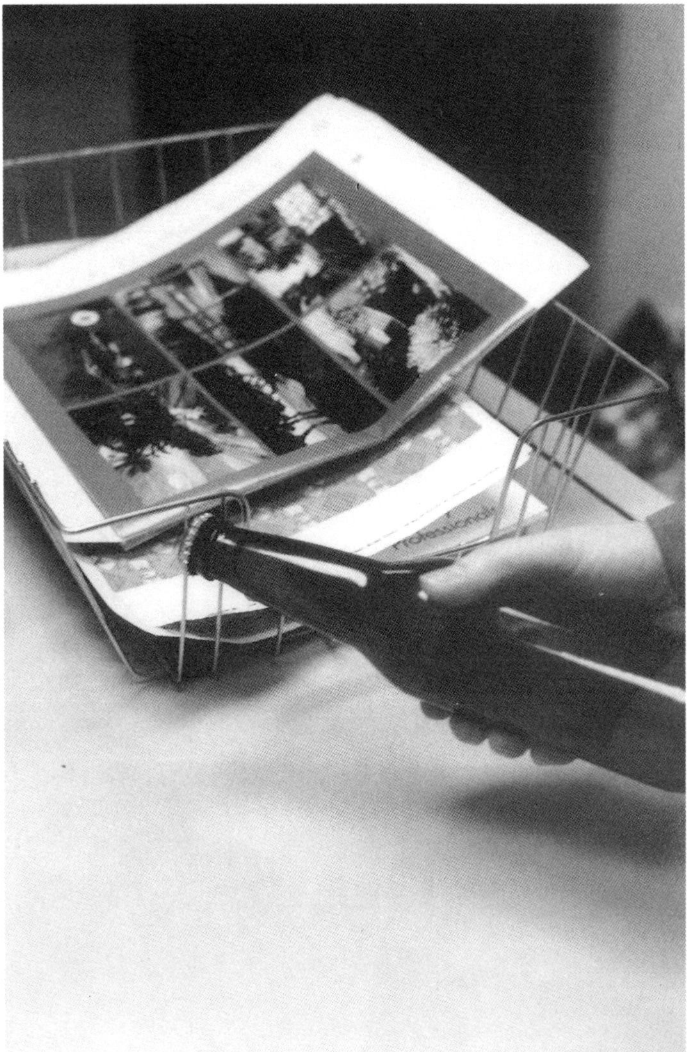

1 Ordne ein paar Akten.
2 Steck die Flasche in den Rahmen.
3 Leicht aufdrücken.
4 Trinken.
5 Ordne noch ein paar Akten.

SKIBINDUNG

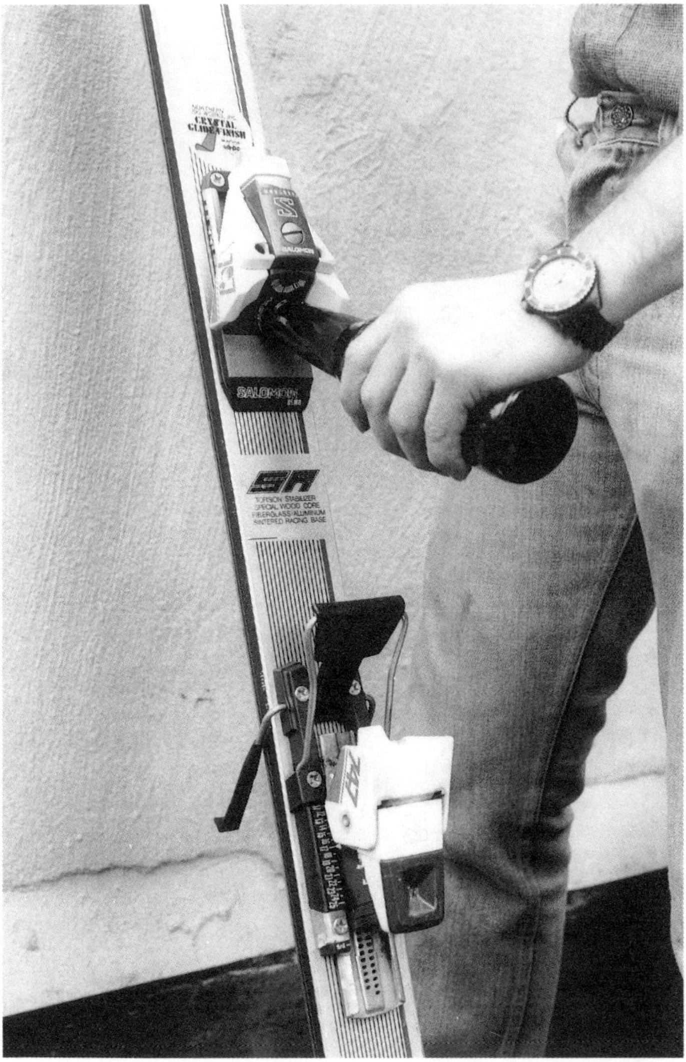

Fahre den ganzen Tag Ski. **1**

Mach Halt an der Bergstation. **2**

Lehne den Ski gegen eine Wand. **3**

Steck die Bierflasche in die vordere Bindung. **4**

Drücke sanft nach unten. **5**

Hollarödulljöh! **6**

TENNISNETZ

1 Mach drei Spiele.
2 Steck das Bier in den Netzspanner.
3 Drück die Flasch nach unten.
4 Trink.

MOTORRAD

Kronenkorken in den Zylinderblock stecken. **1**

Nach unten drücken. **2**

Trink, aber fahr nicht. **3**

Und: Helm auf. **4**

KÜHLER-FIGUR

1 Such Dir ein geeignetes Objekt.

2 Steck die Flasche ins Pferdemaul (jedes andere Tier oder ein Stern tun's auch).

3 Nach unten drücken.

4 Trinken.

ZÄHNE

Anwendung nur im Zustand äußerster Verzweiflung. **1**

Kronenkorken zwischen die Zähne schieben. **2**

Abbeißen! Sei bloß vorsichtig!* **3**

Trink und freu Dich! **4**

* Denkt dran, Kinder: Macht's lieber nicht daheim!